BEI GRIN MACHT SICH IHR WISSEN BEZAHLT

AF153691

- Wir veröffentlichen Ihre Hausarbeit,
  Bachelor- und Masterarbeit

- Ihr eigenes eBook und Buch -
  weltweit in allen wichtigen Shops

- Verdienen Sie an jedem Verkauf

Jetzt bei www.GRIN.com hochladen und kostenlos publizieren

Dario Fischer

Tarifvertrags- und Arbeitskampfrecht (Kollektives Arbeitsrecht)

Skript und Klausurvorbereitung

GRIN Verlag

Bibliografische Information der Deutschen Nationalbibliothek:

Die Deutsche Bibliothek verzeichnet diese Publikation in der Deutschen National-
bibliografie; detaillierte bibliografische Daten sind im Internet über http://dnb.d-
nb.de/ abrufbar.

Dieses Werk sowie alle darin enthaltenen einzelnen Beiträge und Abbildungen
sind urheberrechtlich geschützt. Jede Verwertung, die nicht ausdrücklich vom
Urheberrechtsschutz zugelassen ist, bedarf der vorherigen Zustimmung des Verla-
ges. Das gilt insbesondere für Vervielfältigungen, Bearbeitungen, Übersetzungen,
Mikroverfilmungen, Auswertungen durch Datenbanken und für die Einspeicherung
und Verarbeitung in elektronische Systeme. Alle Rechte, auch die des auszugsweisen
Nachdrucks, der fotomechanischen Wiedergabe (einschließlich Mikrokopie) sowie
der Auswertung durch Datenbanken oder ähnliche Einrichtungen, vorbehalten.

Impressum:

Copyright © 2014 GRIN Verlag GmbH
Druck und Bindung: Books on Demand GmbH, Norderstedt Germany
ISBN: 978-3-656-73678-3

Dieses Buch bei GRIN:

http://www.grin.com/de/e-book/280199/tarifvertrags-und-arbeitskampfrecht-kol-
lektives-arbeitsrecht

GRIN - Your knowledge has value

Der GRIN Verlag publiziert seit 1998 wissenschaftliche Arbeiten von Studenten, Hochschullehrern und anderen Akademikern als eBook und gedrucktes Buch. Die Verlagswebsite www.grin.com ist die ideale Plattform zur Veröffentlichung von Hausarbeiten, Abschlussarbeiten, wissenschaftlichen Aufsätzen, Dissertationen und Fachbüchern.

Besuchen Sie uns im Internet:

http://www.grin.com/

http://www.facebook.com/grincom

http://www.twitter.com/grin_com

Tarifvertrags- und Arbeitskampfrecht

Ausgangspunkt: Individualarbeitsvertrag

I. Kollektiver Arbeitnehmerschutz im Überblick

- Arbeitsrecht ist Arbeitnehmerschutzrecht (zwingend bei Verschlechterung, nicht bei Verbesserung der Arbeitskonditionen)

- Arbeitgeber ist in der stärkeren Position, da er das Gut (Arbeitsplatz) besitzt → kann Weisungen erteilen (also keine Gleichordnung beider Vertragspartner); Ausnahme: Gleichordnung bei „seltenen" Berufen mit weniger Nachfrage

- 3 große Schutzbereiche:

    - Schutz vorallem im **Kündigungsschutzgesetz** (Schutz des Arbeitsverhältnisses)

    - Arbeitnehmerschutz ist auch **Gesundheitsschutz** (Gewährleistung eines sicheren Arbeitsumfelds)

    - **Lohnschutz** (Gewährleistung einer angemessenen Vergütung zur Existenzgrundlage)

    außerdem: Gesetz für Arbeitszeitenschutz (keine übermäßige Belastung) ‡ Überforderung → Arbeitszeitrecht

- Arbeitsleistung hat Fixschuldcharakter (Leistungspflicht) nach §275 BGB → „Ohne Arbeit kein Lohn!" (§326 Abs. 1 S. 1 BGB; Krankheit → keine Leistung → keine Gegenleistung); Ausnahme: bspw. Bundesurlaubsgesetz

- Gesetze können nicht alles abdecken, da betriebliche Unterschiede (bspw. Schichtsystem)

- **Gewerkschaften** als Kollektivorgan zum Kollektivschutz der Arbeitnehmer zum Abdecken aller Eventualitäten → gemeinsam stark (überbetriebliche Ebene)

- **Arbeitgeberverbände** als Gegenpol (Arbeitsrecht muss manchmal auch Arbeitgeber schützen) → verfassungsrechtlich verankert; Art. 9 Abs. 3 GG + Art. 12 GG

- **Betriebsrat** zum Arbeitnehmerschutz auf betrieblicher Ebene

    - Betriebsrat ist weder rechts- noch vermögensfähig. → Warum dürfen die beiden eine normative Wirkung erzielen? → Gesetzgeber delegiert auf niedrigere Ebene

- **Betriebsvereinbarung** → Vereinbarung = Vertrag → bindend für Vertragspartner (gelten unmittelbar und zwingend! → §77 Abs. 4 BetrVG

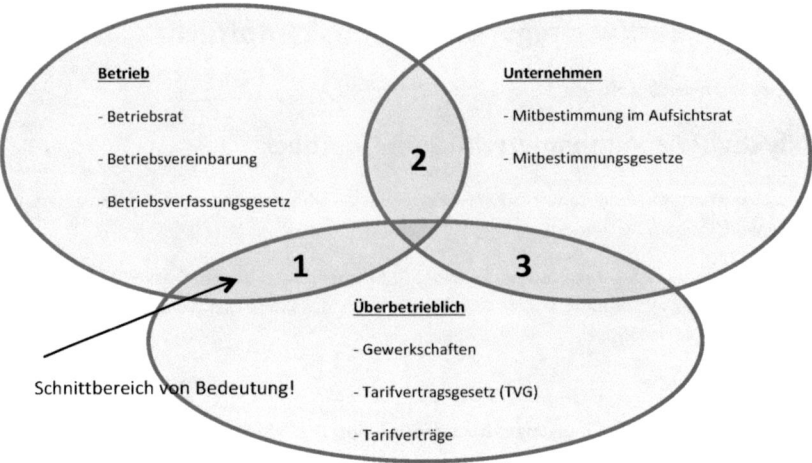

Betrieb

- Betriebsrat

- Betriebsvereinbarung

- Betriebsverfassungsgesetz

2

Unternehmen

- Mitbestimmung im Aufsichtsrat

- Mitbestimmungsgesetze

1

3

Überbetrieblich

- Gewerkschaften

Schnittbereich von Bedeutung!

- Tarifvertragsgesetz (TVG)

- Tarifverträge

- Auch einzelne Arbeitgeber können Tarifvertragspartner sein! → bspw. Firmenverträge (gilt nur für spezielle Branche bzw. großes Unternehmen)

- Tarifvertrag mit Flächencharakter (unterschiedliche Auswirkungen für Unternehmen)

Zum Überschneidungsbereich 1:

- §77 Abs. 3 BetrVG: Tarifvertrag vorrangig, d.h. alles was im Tarifvertrag bereits geregelt ist, kann nicht in der Betriebsvereinbarung anders geregelt werden

- Art. 9 GG: Gewerkschaftsarbeit in der Verfassung verankert

→ Schutz der Tarifautonomie (in jede Richtung!)

- §77 Abs. 4 BetrVG: Betriebsvereinbarungen gelten unmittelbar und zwingend

Sowohl Arbeitgeber als auch Arbeitnehmer müssen Mitglied im Arbeitgeberverband bzw. in der Gewerkschaft sein, damit die Tarifbestimmungen für sie wirksam sind.

- Tarifvertrag unterteilbar in:

    - Flächentarifvertrag bzw. Branchentarifvertrag

    - Firmentarifvertrag

    → einer muss vorrangig sein, keine zwei zur selben Zeit möglich!

    Lösung: Betriebsspezifischer Tarifvertrag hat Vorrang und gilt!

Zum Überschneidungsbereich 2:

- Konzern- oder Gesamtbetriebsrat auf Unternehmensebene zur Arbeitnehmervertretung → Kollektivvertretung

- Tariflohn einklagen: Anspruchsgrundlage = §611 BGB i.V.m. Tarifvertrag (→ Gewerkschaftsmitglied?)

- §1 Abs. 1 BetrVG: Betriebsräte Anzahl

    - bei kleinen Betrieben kaum Betriebsräte (Weg zu Arbeitgeber ist kurz) und wenn dann mit geringer Bedeutung

    - fast alle (98%) großen Betriebe mit Betriebsräten

    - Betriebsrat ab 250 Arbeitnehmern effektiv

II. Koalitionsrecht

1. Bedeutung und Begriff der Koalition

- **Koalition**: Oberbegriff für Verbände auf Arbeitgeber- und Arbeitnehmer-Seite (→ wird parteipolitisch verwendet)

- Art. 9 GG: Vereinigungsfreiheit

- Art. 2 Abs. 1 TVG: Tarifvertragsparteien sind Gewerkschaften, einzelne AG sowie Vereinigungen von AG

<u>Was ist der Begriff der Koalition?</u>

- Art. 9 Abs. 3 GG: Zusammenschluss von Arbeitgeber oder Arbeitnehmer (keine generelle Zuständigkeit gegeben)

<u>Merkmale einer Koalition:</u>

    - frei, überbetrieblich, legal, mächtig, gegnerfrei

    - freiwilliger Zusammenschluss von AG oder AN → unstrittig (→ Ärztekammer, Rechtsanwaltskammer usw. fallen raus auf Grund Zwangsmitgliedschaft)

    - Vereinigung muss auf Dauer angelegt sein

    - Organisation von Bestand der Mitglieder unabhängig → wird gebraucht (wird aber von Mitgliedern getragen) → körperschaftliche Organisation, die nach außen hin in Form von Organen handelt, welche von der Mitgliedschaft gewählt werden

    - Organisation muss nicht rechtsfähig sein

    - Demokratiegebot innerhalb der Organisation (demokratische Willensbildung)

        1. TV bindet für alle

        2. Mitbestimmung

- <u>Zum Merkmal „gegnerfrei"</u> (Gegnerunabhängigkeit):

  - es muss für AG <u>und</u> AN Koalitionen geben

  - Harmonieverbände gelten nicht als Koalition (AG und AN nicht gemeinsam in einer Koalition)

  - wenn es dieses Gebot nicht gäbe, wäre Tarifautonomie so nicht möglich, da gleichstarke Parteien nicht existent wären

  → unabhängig auch vom Staat und anderen Gruppierungen!

- <u>Zum Merkmal „überbetrieblich":</u>

  - Tätigkeitsfeld muss überbetrieblich sein (strittige Meinung)

- <u>Zum Merkmal „mächtig"</u> (soziale Mächtigkeit)

  - Muss eine Vereinigung im Sinne des Art. 9 Abs. 3 GG mächtig sein?

  - Ziel: Tarifverträge abschließen (→ schafft Rechtsnorm, für alle Mitglieder geltend; Warum gibt der Staat diese Aufgabe ab? → Er geht davon aus, dass beide Seiten gleichstark sind, um dies zu regeln)

  - Mächtigkeit wird als Merkmal benötigt, um TV abzuschließen, denn wenn eine Seite stark ist, wird der Inhalt des TV diktiert und nicht ausgehandelt

  - Mächtigkeit für TV und nicht für die Koalition von Bedeutung

- **Arbeitskampfbereitschaft**: Muss eine Koalition tarifwillig oder Arbeitskampf bereit sein? → Neben Tarifvereinbarungen auch andere Interessen vorhanden

  - Gehört Arbeitskampfbereitschaft als Merkmal für Koalition, welche tarifwillig ist? → Nein. Trotzdem aber von Art. 9 Abs. 3 GG geschützt (Bsp. Öffentlicher Dienst → Beamte dürfen nicht streiken)

2. Arbeitgeberverbände und Gewerkschaften

<u>Wie ist die Verbandsstruktur auf beiden Seiten?</u>

- Organisation nach Industrieverbandsprinzip: TV findet nur für betreffende (z.B. Metallverarbeitung: alle gebunden: Fahrer, Metallverarbeiter, usw.) Industrie Anwendung → vermeidet eine Zersplitterung eines Betriebes in mehrere TV

- Grundsatz der Tarifeinheit: ein Tarifvertrag maßgebend; eine Gewerkschaft maßgebend (kein Berufsverbandsprinzip!) (gefestigt durch Urteile der Arbeitsgerichte; ein Betrieb = ein TV)

- ABER: Manche Berufsgruppen fühlen sich dadurch teilweise nicht ausreichend von der Gewerkschaft repräsentiert

- Nur ca. 17% aller AN in Gewerkschaften (Bspw. VAA, IGBCE, Verdi, Polizeigewerkschaft)

Struktur der Gewerkschaft:

- nicht rechtsfähiger Verein → wird aber so behandelt

- Mitglieder haften nicht selbständig

- Rechtstellung der Partei durch §10 ArbGG (Parteifähigkeit durch Gesetz)

3. Koalitionsfreiheit

- Koalitionsfreiheit und –schutz: Art. 9 Abs. 3 GG → unmittelbare und absolute Drittwirkung laut Art. 9 Abs. 3 S. 2 GG (Richtet sich gegen alle! + Alles andere führt zu Nichtigkeit.)

Was beinhaltet die Koalitionsfreiheit?

- **Individuelle Koalitionsfreiheit** (Schutz einzelner Arbeitnehmer)

    - **Positive**: Jeder kann gründen, beitreten und Mitglied bleiben; gilt für jedermann.

    - **Negative**: Auch Ohne Tarifbindung (OT) → „ganz oder gar nicht"; Recht nicht beizutreten; Nebenwirkungen ohne Klauseln (s. nachfolgender Abschnitt)

    - §4 TVG i.V.m. §3 TVG: Tarifgebunden ist, wer Mitglied der Gewerkschaft ist (dynamische Verweisung)

- **Kollektive Koalitionsfreiheit** (Schutz der Vereinigung der Koalition als solche (Fortbestand))

    - **Bestandschutz**

        - Nicht angreifbar, weder durch Staat noch durch Dritte → Bestandssicherung und –erhalt

        - Teilgarantien:

            - freie Koalitionsbildung
            - freier Fortbestand
            - Mitgliederwerbung

    - **Betätigungsschutz**

    - **Satzungsautonomie**

    - **Spannungsfeld** zwischen Art. 13 + 14 GG (AG) und Art. 9 Abs. 3 GG (AN); Bsp.: Werben neuer Mitglieder am schwarzen Brett des Arbeitgebers; Geltendmachen der Ansprüche → Abmahnung rechtens? → Beseitigungs-AGL: §1004 BGB analog; rechtens wenn: Verletzung des Arbeitsverhältnisses

    - **Kernbereichsformeln**: Gesetzgeber darf nicht in den Kernbereich eingreifen. → Heißt aber nicht, dass kollektive Koalitionsfreiheit nur den Kernbereich abdeckt.

- Konflikt beider Koalitionsfreiheiten (bspw. Koalitionsmitglied und NPD-Aktivist) → Ausschlussrecht für NPD-Mitglieder (und Kommunisten) gesetzlich verankert

→ Welche Koalitionsfreiheit hat Vorrang? → Wird gesetzlich (fallspezifisch/ jedes Mal neu) beschlossen

- **Organisationsklauseln**: Vergünstigungen eines Tarifvertrages dürfen nur den AN zugute kommen, die Mitglied einer Gewerkschaft sind. → Vom Arbeitsgericht als unwirksam angesehen („sollen") → greifen in die negative individuelle Koalitionsfreiheit ein

- **Differenzierungsklauseln** im TV: Tarifausschlussklauseln enthalten; unzulässig

- **Spannungsklauseln**: Abstand zwischen organisierten und nicht organisierten AN soll gleich bleiben → auch für unwirksam erklärt worden!

Fazit: Gewerkschaft braucht nur einen AN im Betrieb als Mitglied, um einen „Fuß in die Tür" zu bekommen und neue Mitglieder werben zu können, um so den Bestand zu vergrößern (→ Aufbau). Dabei darf der AN jedoch nicht seine Pflichten aus dem Arbeitsverhältnis verletzen, um dem AG keine Angriffsfläche zu bieten.

III. Tarifvertragsrecht

- **Tarifvertrag** (nach §1 TVG): Regelt Rechte und Pflichten der Tarifvertragsparteien (schuldrechtlicher Teil) und enthält Rechtsnormen (normativer Teil) → Doppelnatur

Funktionen:

- Arbeitnehmerschutzkomponente (bedeutend)

- aus der Praxis entstehende Typisierung der Arbeitsverträge:

- bspw. Arbeits- und Urlaubszeiten

- Gleichmäßigkeit der Arbeitsbedingungen

- Kalkulationsgrundlage für Arbeitgeber (Richtlinie für Gewerkschaftsmitglieder)

- Friedensfunktion

- **Günstigkeitsprinzip**: Wenn im Arbeitsvertrag etwas Günstigeres steht als im Tarifvertrag, gilt der Arbeitsvertrag. (→ §4 Abs. 3 TVG) Tarifpartner sind an gesetzliche Vorgaben gebunden, können aber abweichende Regelungen bei Ausnahmeformulierungen im Gesetz treffen (negative und positive Abweichungen). Sie müssen sich aber an den Mindestvorgaben orientieren. → Günstigkeitsprinzip „schlägt" also den normativen Teil.

1. Arten von Tarifverträgen und ihre Bedeutung

- **Flächentarifvertrag** nach §2 Abs. 1 TVG (auch Verbands- oder Branchentarifvertrag)

Arbeitgeberverband ←TV→ Gewerkschaft

→ Gelten für gesamte Branche in einem Tarifgebiet

- **Firmentarifvertrag** (auch Haustarifvertrag)

    Gewerkschaft ←TV→ Arbeitgeber

    → Einzelne Firma als Vertragspartner, erstreckt sich auf alle Standorte

    Bereitschaft zu Firmentarifverträgen ist stark gestiegen, da Notwendigkeit und
    Anforderungen bei jedem Betrieb anders sind. (→ Bedeutung im Vergleich zu früher stark
    gestiegen)

- §3 Abs. 3 TVG: **Tarifvertragswirkung** bleibt solange bestehen, bis ein neuer beschlossen wurde oder
alte endet.

- **Austritt AG-Verband:**

    1. Austritt (normative Wirkung gleich null) → §3 Abs. 3 TVG wirkt

    2. Ohne Tarifbindung-Mitgliedschaft

    → Nachteil: Machteinbuße und evtl. nachteiliger TV durch starke Gewerkschaft

80%   Organisationsdichte   20%

- **Problematik bei mehreren TV:**

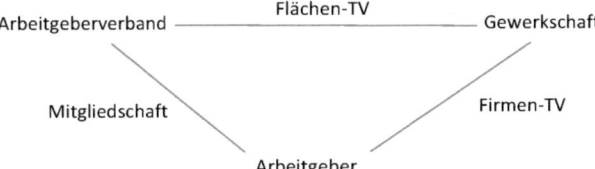

    Arbeitgeberverband ————— Flächen-TV ————— Gewerkschaft

    Mitgliedschaft   Firmen-TV

        Arbeitgeber

→ Welcher Tarifvertrag gilt?

    → Firmen-TV ist spezifischer und gilt, was auch noch eine steigende Bedeutung zur Folge hat.
    Beide Verträge können aber miteinander verzahnt sein, wenn sie nicht beide dasselbe regeln.

- **Tarifverträge unterscheidbar in:**

    - Vergütungs-/ Lohntarifverträge (gestaffelt für 1-2 Jahre) → für Lohn und Arbeitszeiten

    - Manteltarifverträge → für Arbeitsbedingungen und Tarifgruppen

    - (Änderungs- und Paralleltarifverträge)

    → Unterscheiden sich in ihrer Laufzeit

- **Voraussetzungen für die Wirksamkeit eines TV:**

    - Ausgangspunkt: §145 ff. BGB → Vertrag mit Angebot & Annahme

    - keine Anfechtbarkeit durch Drohung (Streik) möglich, da nicht widerrechtlich

    - bedarf der Schriftform

    - unterschrieben durch Kommission (bestehend aus einem Bevollmächtigen des Vorstands (AG) und Gewerkschaftsvertretern (AN))

    - Verkündigung (§8 TVG/ Tarifregister/ NachwG 1 Monat nach Arbeitseintritt)

    → Inhaltskontrolle durch AGB-Kontrolle möglich!

2. Parteien des Tarifvertrages

- Arbeitnehmer: Gewerkschaft

- Arbeitgeber: einzelner AG oder AG-Verband

- Koalitionsbegriff: §2 TVG konkretisiert durch Art. 9 Abs. 3 GG

    → Wenn Koalition nicht durch Art. 9 Abs. 3 GG geschützt ist, kein TV-Abschluss möglich.

- **Merkmale einer TV-Partei:**

    1. **Tarifwilligkeit** (= der Wille, die Arbeits- und Wirtschaftsbedingungen besonders durch den Abschluss von TV zu wahren und zu fördern), nach §2 I TVG

        - Mitgliedschaft in einer Gewerkschaft/ AG-Verband

        - Satzungsmäßige Tariffähigkeit muss ausgewiesen und wahrgenommen sein (Gesellschaftsaufgabe) → Streitwilligkeit und –fähigkeit nicht zwingend notwendig, da es auch andere Wege gibt (bspw. Verhandlungen)

        - Tarifwilligkeit durch nachträgliche Änderung der Satzung nicht rückwirkend möglich, nur für die Zukunft

    2. **Soziale Mächtigkeit/ Durchsetzungsfähigkeit** (nur bei Gewerkschaften)

        - Durchsetzungskraft gegenüber sozialem Gegenspieler muss ausreichend sein, ansonsten werden die Verhandlungen vom AG dominiert

        - Kriterien für soziale Mächtigkeit: Große Mitgliederanzahl, Finanzkraft und Innehaben von Schlüsselpositionen und - funktionen

Tariffähig-
keit
(§2 TVG)

3. **Tarifzuständigkeit** (für Gewerkschaften):

- Partei muss zusätzlich zur Tariffähigkeit auch Tarifzuständigkeit besitzen

- wirksamer TV kann nur innerhalb des Geschäftsbereichs abgeschlossen werden, der in der Satzung festgehalten ist

→ Deutscher Gewerkschaftsbund als Schiedsrichter bei Zuständigkeitsfragen

3. Zustandekommen des Tarifvertrages

1. Tarifvertrag wird fristgemäß gekündigt

2. Tarifpartner verhandeln über einen neuen Tarifvertrag

3. zuständige Gewerkschaft erklärt das Scheitern der Tarifverhandlungen

4. 1. Urabstimmung

5. mind. 75% der Gewerkschaftsmitglieder müssen zustimmen für einen Streik, dieser wird dann beschlossen und durchgeführt

6. von Arbeitgeberseite erfolgen Aussperrung der Arbeitnehmer

7. neue Tarifverhandlung

8. 2. Urabstimmung (25%)

4. Inhalt und Wirkung des Tarifvertrages

a) Schuldrechtlicher Teil

-legt Rechte und Pflichten der Tarifparteien fest

- Verpflichtungen aus dem schuldrechtlichen Teil gelten nur für die Tarifparteien, nicht aber für deren Mitglieder (schuldrechtlicher Vertrag zulasten Dritter wäre unzulässig!)

- Rechte aus dem schuldrechtlichen Teil können hingegen auch für Mitglieder gelten, wenn die Vereinbarungen zugunsten Dritter ausgelegt sind (§328 I BGB)

- schuldrechtliche Vereinbarungen können ausdrücklich (z.B. Absprache über Schlichtungsverfahren nach Ablauf des TV) oder als ungeschriebener Bestandteil (z.B. Friedenspflicht, Durchführungspflicht) des TV getroffen werden

b) Normativer Teil (§1 TVG)

- Tarifparteien können Rechtsnormen aufstellen (§1 I TVG), die dann eine unmittelbar und zwingende Wirkung haben (§4 I TVG)

- 5 Merkmale, wobei bedeutend ist, welches betroffen ist! → §1 Abs. 1 TVG

- §4 Abs. 1 S. 1 TVG: **(gelten nur für Gewerkschaftsmitglieder!)**

  - Inhaltsnormen= Vergütung, Urlaubstage, etc.)

  - Abschlussnormen= bspw. 5% Quote bei Einstellung

  - Beendigungsnormen= Kündigung, Befristung, etc.

- §3 Abs. 1 TVG: beiderseitig tarifgebundene Parteien

- §3 Abs. 2 TVG: bei betrieblichen und betriebsverfassungsrechtlichen Normen muss nur der AG tarifgebunden sein

  - Betriebliche Normen: **(normative Wirkung auch für Nicht-Gewerkschaftsmitglieder!)**

    - betriebseinheitliche Ordnungsnormen: dienen der Sicherheit und Ordnung im Betrieb (Bsp. Brandschutz, Datenerfassung)

    - betriebliche Solidarnormen: führen Einrichtungen zugunsten der gesamten Belegschaft ein und gestalten diese

    - Wichtig ist die Wirkung nach §3 Abs. 2 TVG!

  - Betriebsverfassungsrechtliche Normen:

    - Ergänzungen und Modifizierungen des Betriebsverfassungsgesetzes

    - unanfechtbare und unveränderbare Mitbestimmungsrechte

IV. Arbeitskampfrecht

1. Begriff und Arten des Arbeitskampfs

a) Begriff

- gesetzlich nicht definiert

- Literatur: „Arbeitskampf ist die von der AN- oder AG-Seite bewirkte kollektive Drückausübung durch Störung der Arbeitsbeziehungen"

  - Parteien: AG und AN

  - kollektive Druckausübung: zielgerichtete Ausübung von Druck durch mehrere oder gegen mehrere Beteiligte mittels Zufügung von Nachteilen oder deren Abwehr

    → Nachteile müssen nicht unbedingt den Arbeitsvertragspartner treffen; Druckausübung auf sozialen Gegenspieler

aa) Mittel

- auf AN-Seite

- Streik (oder Arbeitsniederlegung): Einstellung der Arbeit, die von Mehrzahl von AN planmäßig, gemeinsam und ohne Einverständnis des AG durchgeführt wird

- „Bummelstreik": Verringerung der Arbeitsleistung anstatt Vorenthaltung → AN handeln verdeckt, indem sie einerseits ihre Leistung anbieten aber andererseits die Leistung bewusst nicht in der geschuldeten Weise erbringen → rechtswidrig!

- Betriebsblockade und Betriebsbesetzung: vorwiegend als Protestaktion gegen drohende Betriebsschließung → Arbeitnehmer versuchen zu verhindern, dass ein Arbeitgeber mit Arbeitswilligen die Geschäftstätigkeit aufrecht erhält, ebenso Lieferanten und Kunden Zugang erhalten

-Boykottmaßnahmen: Gewerkschaften rufen dazu auf, keine Verträge mehr mit dem AG abzuschließen (z.B. Arbeits- oder Dienstleistungsverträge)

- auf AG-Seite

- Aussperrung: Ausschließung von der Arbeit, die vom AG planmäßig und ohne Einverständnis der AN erklärt wird und mit der Verweigerung der Lohnzahlung einhergeht

  - bedarf einer eindeutigen Erklärung

  - entweder für alle AN oder nur für einen Teil der Belegschaft

- Boykottmaßnahmen

- Sonderzuwendungen: „Streikbruchprämien", die AG an AN zahlt, die nicht am Streik teilnehmen

b) Arten

- lassen sich anhand verschiedener Kriterien unterscheiden

1. Nach dem Ablauf des Kampfgeschehens
   a. Koalitionsgeführte Arbeitskämpfe
      hauptsächlich von der Gewerkschaft geführte Streiks und vom Arbeitgeberverband getragene (Verbands-)Aussperrungen
   b. „wilde" Arbeitskämpfe
      i.d.R. „wilde" (spontane) Arbeitskämpfe (Arbeitsniederlegungen), die nicht von der Gewerkschaft organisiert sind → rechtswidrig
2. Nach der inhaltlichen Zielsetzung
   a. Tarifvertragsbezogene („tarifakzessorische") Arbeitskämpfe
      richten sich auf den Abschluss eines TV (Regelungsstreitigkeit)

b. Sonstige Arbeitskämpfe

   verfolgen z.B. politische Ziele („Abbau der Fremdenfeindlichkeit") oder die
   Durchsetzung von Rechtsansprüchen (Rechtsstreitigkeiten) → grds. rechtswidrig
3. Nach dem Adressaten
   a. Hauptarbeitskämpfe

   dienen dazu, eigene (Tarif-)Forderungen durchzusetzen, die sich gegen den
   Kampfgegner richten
   b. Unterstützungskämpfe

   - dazu zählen Sympathie-, Solidaritätsstreik und Sympathieaussperrung
   - sollen keine eigenen inhaltlichen Ziele gegen den Kampfgegner durchsetzen,
   sondern für einen anderen Arbeitskampf Hilfe leisten
4. Nach der Initiative zur Eröffnung
   a. Angriffsarbeitskämpfe

   Streiks in der Praxis sind fast immer Angriffstreiks
   b. Abwehrarbeitskämpfe

   Aussperrungen sind in der Praxis grds. Abwehraussperrungen
5. Nach dem Zeitpunkt der Auseinandersetzung
   a. Erzwingungsarbeitskämpfe

   liegen vor, wenn der kollektive Druck nach dem endgültigen Scheitern der
   Verhandlungen ausgeübt wird
   b. Warnarbeitskämpfe

   liegen vor, wenn die Druckausübung vor dem Scheitern der Verhandlungen erfolgt
6. Nach dem Umfang des Kampfgeschehens
   a. Flächenarbeitskämpfe

   Flächenstreik (Vollstreik) erfasst alle AN eines Tarifgebiets
   b. Schwerpunktarbeitskämpfe

   - beim Schwerpunktstreik (Teilstreik) legen nur AN einzelner Unternehmen, Betriebe
   oder Abteilungen die Arbeit nieder
   - auf AG-Seite ist nach Rechtsprechung nur die Schwerpunktaussperrung zulässig

2. Rechtmäßigkeit

- nur rechtmäßiger Arbeitskampf suspendiert die Hauptleistungspflicht → rechtswidriger
Arbeitskampf kann zu Unterlassungs- und Schadenersatzansprüchen zwischen den Beteiligten führen

- bei der Teilnahme eines AN an einem rechtswidrigen Streik, kann dies zur verhaltensbedingten
Kündigung führen (§626 BGB, §1 II KSchG)

- allgemeine Begründung der Zulässigkeit von Streiks ergibt sich aus Art.9 III GG

a. Tarifrechtliche Grenzen
 Arbeitskämpfe sind zulässig zur Durchsetzung von Tarifverträgen

- Führung durch tariffähige Parteien:

   - Arbeitskampf darf nur von und gegen Parteien geführt werden, die tariffähig und
   tarifzuständig sind, §74 II 1 BetrVG → Ziel: Abschluss eines TV

- §2 TVG: tariffähig sind Gewerkschaften, einzelne AG und AG-Vereinigungen sowie ihre Spitzenorganisationen → „wilde" Streiks (nicht von Gewerkschaft organisiert) sind rechtswidrig, weil Angreifer keine Partei eines TV sein können (spätere Übernahme des „wilden" Streiks durch eine Gewerkschaft führt laut BAG zur rückwirkenden Rechtmäßigkeit)

- an den Arbeitskämpfen beteiligen dürfen sich i.d.R. nur die Mitglieder der kampfführenden Koalitionen

- auf AN-Seite ist auch die Teilnahme von nicht-Mitgliedern anerkannt

- Kampf um tariflich regelbare Ziele:

- Ziel muss Abschluss eines TV sein (→ Tarifakzessorietät des Arbeitskampfs)

- politischer Arbeitskampf, der eine Forderung an die staatliche Instanz stellt ist rechtswidrig (z.b. Rücknahme einer Gesetzesänderung)

- Demonstrationsarbeitskämpfe sind rechtswidrig (sollen Verhalten der AG-Seite beeinflussen, aber keinen Tarifvertrag erkämpfen, z.b. Verhinderung der Übernahme des AG durch einen Finanzinvestor)

- es muss ein zulässiger Inhalt eines TV erstrebt werden

- erkämpfbar ist nur, was tarifvertraglich regelbar ist → Grenzen ergeben sich vor allem aus der Verfassung und dem einfachen Gesetzesrecht

- kein Verstoß gegen die Friedenspflicht:

-Sinn von Tarifverträgen: Arbeitskämpfe um tariflich geregelte Fragen verhindern

→ für Laufzeit des TV ergibt sich auch ohne ausdrückliche Regelung eine relative Friedenspflicht: kampfweise Durchsetzung von Forderungen, die einen engen Bezug zu der bereits tariflich geregelten Materie haben, ist ausgeschlossen

→ weitergehende Kampfverbote müssen ausdrücklich vereinbart werden, z.b. absolute Friedenspflicht: Verbot jeglicher Arbeitskämpfe zwischen den Tarifparteien

- Arbeitskampf, der gegen die Friedenspflicht verstößt, ist tarifwidrig und somit auch rechtswidrig

b. Allgemeine Grundsätze
Kampfbeginn und –durchführung müssen bestimmten Anforderungen genügen

- Gebot der Kampfparität (Waffengleichheit)

- soll hinreichendes Kräftegleichgewicht zwischen Tarifparteien sicherstellen

- Arbeitskämpfe sollen die gleichgewichtige Regelung der Arbeitsbedingungen in Tarifverträgen gewährleisten → Kampfmaßnahmen, die dazu nicht geeignet oder nicht erforderlich sind, sind unzulässig

-Gebot der Verhältnismäßigkeit

    -BAG: Arbeitskämpfe dürfen nur eingeleitet und durchgeführt werden, wenn die zur Erreichung rechtmäßiger Kampfziele und des nachfolgenden Arbeitsfriedens geeignet und sachlich erforderlich sind. Jede Arbeitskampfmaßnahme darf nur nach Ausschöpfung aller Verständigungsmöglichkeiten ergriffen werden → Arbeitskampf = letztes mögliches Mittel (ultima ratio)

    - Schutz von Nichtstreikenden und sonstigen Dritten

- Gebot fairer Kampfführung

    - auch wenn Arbeitskampf als solcher rechtmäßig ist, können bestimmte geförderte oder geduldete Verhaltensweisen rechtswidrig sein und Schadenersatzansprüche auslösen

    -rechtswidrig ist z.b. wenn Streikposten Arbeitswillige daran hindern, in den Betrieb zu gelangen

    - Verstoß gegen das Gebot, wenn kampfführende Gewerkschaft es ablehnt, an Notstands- und Erhaltungsmaßnahmen mitzuwirken

        - Notstandsarbeiten: Maßnahmen, die erforderlich sind um eine Mindestversorgung zur Befriedigung der elementaren persönlichen und staatlichen Bedürfnisse sicherzustellen (z.b. Gesundheit, Wasser, Feuerwehr)

        - Erhaltungsarbeiten: Maßnahmen, die erforderlich sind, um nach Beendigung des Arbeitskampfes die Funktionsfähigkeit des Betriebs zu gewährleisten sowie eine schnelle Wiederaufnahme der Arbeit zu ermöglichen (z.B. Wartungsarbeiten)

c. Besondere Kampfverbote

Vorschriften aus der Verfassung oder aus Strafgesetzen können „besondere" Rechtswidrigkeitsgründe für einen Arbeitskampf darstellen

- besondere, gesetzlich normierte Kampfverbote:

    - Art. 33 V GG: Streik von Beamten, Richtern und Soldaten sowie deren Aussperrung sind mit den hergebrachten Grundsätzen des Berufsbeamtentums nicht vereinbar

    - §74 II 1 BetrVG: Unzulässigkeit von Arbeitskampfmaßnahmen zwischen AG und BR

3. Rechtsfolgen von Arbeitskämpfen

a) bei Rechtmäßigkeit

aa) für die Arbeitsvertragsparteien

-BAG: rechtmäßiger Arbeitskampfstellt auf der Ebene der einzelnen Arbeitsverhältnisse keinen Vertragsbruch dar

- Teilnahme an rechtmäßigem Streik führt zum Ruhen/zur Suspendierung der Hauptleistungspflichten → AN ist von Arbeitspflicht befreit, im Gegenzug entfällt der Vergütungsanspruch für die Zeit des Streiks

-Suspendierung endet mit dem Angebot die Arbeit wieder aufzunehmen

- Nebenpflichten der Parteien bleiben bestehen

- Kündigung durch den AG aufgrund der Streikbeteiligung ist bei rechtmäßigem Streik ausgeschlossen; Kündigung aus anderen Gründen könnte zulässig sein

- Kündigung durch den AN während des Streiks nach den allgemeinen Regeln möglich

bb) für die Arbeitskampfparteien

- zwischen den beteiligten Koalitionen bestehen Organisations- und Einwirkungspflichten:

> - aus dem Gebot der fairen Kampfführung folgt eine Pflicht der kämpfenden Verbände zur Mitwirkung bei der Organisation von Notstands- und Erhaltungsmaßnahmen

> - aus dem Gebot der Verhältnismäßigkeit folgt die Pflicht, Kampfmaßnahmen zu vermeiden, bei denen die andere Seite über Gebühr belastet wird

> - Pflicht zur Einwirkung auf Mitglieder, die sich nicht an die Kampfgrenzen halten

b) bei Rechtswidrigkeit

aa) für die Arbeitsvertragsparteien

- bei Teilnahme eines AN an einem rechtwidrigen Streik wird die Hauptleistungspflicht nicht suspendiert → AN verletzt Hauptleistungspflicht durch Teilnahme am Streik

> → AG hat gegen AN einen einklagbaren Anspruch auf Arbeitsleistung

- AN hat keinen Lohnanspruch für Zeit des Streiks (§326 I 1 BGB)

- SE-Anspruch des AG:

> - §§280 I, III, 283 BGB: wegen Vertragsverletzung

> - §823 I BGB: wegen Verletzung des Rechts am eingerichteten und ausgeübten Gewerbebetrieb

- bei rechtswidriger Aussperrung: Hauptleistungspflicht wird nicht suspendiert

> - AG befindet sich im Annahmeverzug → rechtswidrig ausgesperrte AN behalten Lohnanspruch (§§615 S.1, 293 ff. BGB)

> -entsteht durch das tatsächliche Ausbleiben der Vergütung ein Verspätungsschaden, kommt Haftung des AG wegen Schuldnerverzug in Betracht, §§ 280 I, II, 286 BGB

- bei rechtswidrigem Streik kommt (verhaltensbedingte) Kündigung durch den AG in Betracht

-entweder außerordentliche Kündigung aus wichtigem Grund (§626 BGB) oder ordentliche verhaltensbedingte Kündigung (§ 1 II KSchG)

- bei rechtswidriger Aussperrung: Möglichkeit der außerordentlichen Kündigung durch den AN (§ 626 BGB)

bb) für die Arbeitskampfparteien

- zwischen den beteiligten Koalitionen kommen Unterlassungs- und Schadenersatzansprüche in Betracht

- AGL für SE kann zum einen der TV sein (Pflichtverletzung, §280 I BGB) und zum anderen §823 I BGB i.V.m. Art. 9 III GG (Recht auf koalitionsmäßige Betätigung als „sonstiges" Recht)

- AGL für Unterlassungsanspruch: TV und §1004 I 2 BGB i.V.m. §823 I BGB, Art. 9 III GG

c) Rechtsfolgen für Drittbetroffene

Lohnansprüche:

Lohnansprüche von unbeteiligten AN, die durch einen Arbeitskampf beschäftigungslos werden, weil die Beschäftigung für den AG unmöglich oder wirtschaftlich unzumutbar ist?

(1) AN arbeitet in <u>unmittelbar kampfbetroffenem Unternehmen</u>:
- wenn der AG wegen eines Teil- oder Schwerpunktstreiks im selben Betrieb oder im anderen Betrieb desselben Unternehmens arbeitswillige, nicht streikende AN nicht sinnvoll beschäftigen kann, wäre er nach den Grundsätzen der Verteilung des Betriebs- und Wirtschaftsrisikos (§615 S.3 BGB) eigentlich zur Weiterzahlung des Entgelts verpflichtet
- ABER: Sonderregelung im Arbeitskampf um das Kräftegleichgewicht aufrecht zu erhalten:
  - Sonderregelung des Arbeitskampfrisikos: Entgeltanspruch der arbeitswilligen AN entfällt, wenn ihre Beschäftigung dem AG infolge des Streiks unmöglich oder wirtschaftlich unzumutbar ist
  - Stilllegungsrecht: AG eines bestreikten Betriebs ist befugt, unter Suspendierung der Arbeitsverhältnisse der nichtstreikenden AN den Betrieb stillzulegen, ohne dass es darauf ankommt, ob eine Beschäftigung möglich und zumutbar wäre
(2) AN arbeitet in <u>mittelbar kampfbetroffenem Unternehmen</u>:
- ob Sonderregelung des Arbeitskampfrisikos gilt, richtet sich danach, inwiefern die Kampfparität (das Kräfteverhältnis der Kampfparteien) beeinträchtigt wird
➔ Lohnanspruch entfällt, wenn die für das mittelbar betroffene Unternehmen zuständigen Verbände mit den unmittelbar kampfführenden Verbänden identisch oder organisatorisch eng verbunden sind, weil durch das Erzeugen von „Binnendruck" dem AG Einfluss auf die innerverbandliche Willensbildung genommen werden kann